This planner belongs to

Copyright © NNJ Planner

Date:

Goal for the Day:

Priorities

- [ ]
- [ ]
- [ ]
- [ ]

Tasks

- [ ]
- [ ]
- [ ]
- [ ]
- [ ]
- [ ]
- [ ]
- [ ]
- [ ]

Gratitude:

Schedule

6am
7am
8am
9am
10am
11am
12pm
1pm
2pm
3pm
4pm
5pm
6pm
7pm
8pm
9pm

Notes

Date:

Goal for the Day:

Priorities

- ☐ ....
- ☐ ....
- ☐ ....
- ☐ ....

Tasks

- ☐ ....
- ☐ ....
- ☐ ....
- ☐ ....
- ☐ ....
- ☐ ....
- ☐ ....
- ☐ ....
- ☐ ....

Gratitude:

Schedule

6am
7am
8am
9am
10am
11am
12pm
1pm
2pm
3pm
4pm
5pm
6pm
7pm
8pm
9pm

Notes

Date:

Goal for the Day:

Priorities

- [ ]
- [ ]
- [ ]
- [ ]

Tasks

- [ ]
- [ ]
- [ ]
- [ ]
- [ ]
- [ ]
- [ ]
- [ ]
- [ ]

Gratitude:

Schedule

6am
7am
8am
9am
10am
11am
12pm
1pm
2pm
3pm
4pm
5pm
6pm
7pm
8pm
9pm

Notes

Date:

Goal for the Day:

Priorities

- ☐ ....
- ☐ ....
- ☐ ....
- ☐ ....

Tasks

- ☐ ....
- ☐ ....
- ☐ ....
- ☐ ....
- ☐ ....
- ☐ ....
- ☐ ....
- ☐ ....
- ☐ ....

Gratitude:

Schedule

6am
7am
8am
9am
10am
11am
12pm
1pm
2pm
3pm
4pm
5pm
6pm
7pm
8pm
9pm

Notes

Date:

Goal for the Day:

Priorities
- [ ]
- [ ]
- [ ]
- [ ]

Tasks
- [ ]
- [ ]
- [ ]
- [ ]
- [ ]
- [ ]
- [ ]
- [ ]
- [ ]

Gratitude:

Schedule

6am
7am
8am
9am
10am
11am
12pm
1pm
2pm
3pm
4pm
5pm
6pm
7pm
8pm
9pm

Notes

Date:

Goal for the Day:

Priorities
- ☐ ....
- ☐ ....
- ☐ ....
- ☐ ....

Tasks
- ☐ ....
- ☐ ....
- ☐ ....
- ☐ ....
- ☐ ....
- ☐ ....
- ☐ ....
- ☐ ....
- ☐ ....

Gratitude:

Schedule
6am
7am
8am
9am
10am
11am
12pm
1pm
2pm
3pm
4pm
5pm
6pm
7pm
8pm
9pm

Notes

Date:

Goal for the Day:

Priorities
- [ ]
- [ ]
- [ ]
- [ ]

Tasks
- [ ]
- [ ]
- [ ]
- [ ]
- [ ]
- [ ]
- [ ]
- [ ]
- [ ]

Gratitude:

Schedule
6am
7am
8am
9am
10am
11am
12pm
1pm
2pm
3pm
4pm
5pm
6pm
7pm
8pm
9pm

Notes

Date:

Goal for the Day:

Priorities
- ☐ ....
- ☐ ....
- ☐ ....
- ☐ ....

Tasks
- ☐ ....
- ☐ ....
- ☐ ....
- ☐ ....
- ☐ ....
- ☐ ....
- ☐ ....
- ☐ ....
- ☐ ....

Gratitude:

Schedule
6am
7am
8am
9am
10am
11am
12pm
1pm
2pm
3pm
4pm
5pm
6pm
7pm
8pm
9pm

Notes

Date:

Goal for the Day:

Priorities
- [ ]
- [ ]
- [ ]
- [ ]

Tasks
- [ ]
- [ ]
- [ ]
- [ ]
- [ ]
- [ ]
- [ ]
- [ ]
- [ ]

Gratitude:

Schedule

6am
7am
8am
9am
10am
11am
12pm
1pm
2pm
3pm
4pm
5pm
6pm
7pm
8pm
9pm

Notes

Date:

Goal for the Day:

Priorities
- [ ]
- [ ]
- [ ]
- [ ]

Tasks
- [ ]
- [ ]
- [ ]
- [ ]
- [ ]
- [ ]
- [ ]
- [ ]
- [ ]

Gratitude:

Schedule
6am
7am
8am
9am
10am
11am
12pm
1pm
2pm
3pm
4pm
5pm
6pm
7pm
8pm
9pm

Notes

Date:

Goal for the Day:

Priorities
- [ ]
- [ ]
- [ ]
- [ ]

Tasks
- [ ]
- [ ]
- [ ]
- [ ]
- [ ]
- [ ]
- [ ]
- [ ]
- [ ]

Gratitude:

Schedule
6am
7am
8am
9am
10am
11am
12pm
1pm
2pm
3pm
4pm
5pm
6pm
7pm
8pm
9pm

Notes

Date:

Goal for the Day:

Priorities

- [ ]
- [ ]
- [ ]
- [ ]

Tasks

- [ ]
- [ ]
- [ ]
- [ ]
- [ ]
- [ ]
- [ ]
- [ ]
- [ ]

Gratitude:

Schedule

6am
7am
8am
9am
10am
11am
12pm
1pm
2pm
3pm
4pm
5pm
6pm
7pm
8pm
9pm

Notes

Date:

Goal for the Day:

Priorities

☐ ----
☐ ----
☐ ----
☐ ----

Tasks

☐ ----
☐ ----
☐ ----
☐ ----
☐ ----
☐ ----
☐ ----
☐ ----
☐ ----

Gratitude:

Schedule

6am
7am
8am
9am
10am
11am
12pm
1pm
2pm
3pm
4pm
5pm
6pm
7pm
8pm
9pm

Notes

Date:

Goal for the Day:

Priorities

☐ ------------------------------
☐ ------------------------------
☐ ------------------------------
☐ ------------------------------

Tasks

☐ ------------------------------
☐ ------------------------------
☐ ------------------------------
☐ ------------------------------
☐ ------------------------------
☐ ------------------------------
☐ ------------------------------
☐ ------------------------------
☐ ------------------------------

Gratitude:

Schedule

6am
7am
8am
9am
10am
11am
12pm
1pm
2pm
3pm
4pm
5pm
6pm
7pm
8pm
9pm

Notes

Date:

Goal for the Day:

Priorities

- [ ]
- [ ]
- [ ]
- [ ]

Tasks

- [ ]
- [ ]
- [ ]
- [ ]
- [ ]
- [ ]
- [ ]
- [ ]
- [ ]

Gratitude:

Schedule

6am
7am
8am
9am
10am
11am
12pm
1pm
2pm
3pm
4pm
5pm
6pm
7pm
8pm
9pm

Notes

Date:

Goal for the Day:

Priorities
- ☐ ....
- ☐ ....
- ☐ ....
- ☐ ....

Tasks
- ☐ ....
- ☐ ....
- ☐ ....
- ☐ ....
- ☐ ....
- ☐ ....
- ☐ ....
- ☐ ....
- ☐ ....

Gratitude:

Schedule
6am
7am
8am
9am
10am
11am
12pm
1pm
2pm
3pm
4pm
5pm
6pm
7pm
8pm
9pm

Notes

Date:

Goal for the Day:

Priorities

- [ ]
- [ ]
- [ ]
- [ ]

Tasks

- [ ]
- [ ]
- [ ]
- [ ]
- [ ]
- [ ]
- [ ]
- [ ]
- [ ]

Gratitude:

Schedule

6am
7am
8am
9am
10am
11am
12pm
1pm
2pm
3pm
4pm
5pm
6pm
7pm
8pm
9pm

Notes

Date:	Schedule

Goal for the Day:

6am

7am

8am

9am

10am

11am

12pm

1pm

2pm

Priorities

- [ ]
- [ ]
- [ ]
- [ ]

3pm

4pm

5pm

6pm

7pm

8pm

9pm

Tasks

- [ ]
- [ ]
- [ ]
- [ ]
- [ ]
- [ ]
- [ ]
- [ ]
- [ ]

Gratitude:

Notes

Date:

Goal for the Day:

Priorities

- [ ]
- [ ]
- [ ]
- [ ]

Tasks

- [ ]
- [ ]
- [ ]
- [ ]
- [ ]
- [ ]
- [ ]
- [ ]
- [ ]

Gratitude:

Schedule

6am
7am
8am
9am
10am
11am
12pm
1pm
2pm
3pm
4pm
5pm
6pm
7pm
8pm
9pm

Notes

Date:

Goal for the Day:

Priorities

- ☐ ....
- ☐ ....
- ☐ ....
- ☐ ....

Tasks

- ☐ ....
- ☐ ....
- ☐ ....
- ☐ ....
- ☐ ....
- ☐ ....
- ☐ ....
- ☐ ....
- ☐ ....

Gratitude:

Schedule

6am
7am
8am
9am
10am
11am
12pm
1pm
2pm
3pm
4pm
5pm
6pm
7pm
8pm
9pm

Notes

Date:

Goal for the Day:

Priorities

- [ ]
- [ ]
- [ ]
- [ ]

Tasks

- [ ]
- [ ]
- [ ]
- [ ]
- [ ]
- [ ]
- [ ]
- [ ]
- [ ]

Gratitude:

Schedule

6am
7am
8am
9am
10am
11am
12pm
1pm
2pm
3pm
4pm
5pm
6pm
7pm
8pm
9pm

Notes

Date:

Goal for the Day:

Priorities

- [ ] ....
- [ ] ....
- [ ] ....
- [ ] ....

Tasks

- [ ] ....
- [ ] ....
- [ ] ....
- [ ] ....
- [ ] ....
- [ ] ....
- [ ] ....
- [ ] ....
- [ ] ....

Gratitude:

Schedule

6am
7am
8am
9am
10am
11am
12pm
1pm
2pm
3pm
4pm
5pm
6pm
7pm
8pm
9pm

Notes

Date:

Goal for the Day:

Priorities
- [ ]
- [ ]
- [ ]
- [ ]

Tasks
- [ ]
- [ ]
- [ ]
- [ ]
- [ ]
- [ ]
- [ ]
- [ ]
- [ ]

Gratitude:

Schedule
6am
7am
8am
9am
10am
11am
12pm
1pm
2pm
3pm
4pm
5pm
6pm
7pm
8pm
9pm

Notes

Date:

Goal for the Day:

Priorities

- [ ]
- [ ]
- [ ]
- [ ]

Tasks

- [ ]
- [ ]
- [ ]
- [ ]
- [ ]
- [ ]
- [ ]
- [ ]
- [ ]

Gratitude:

Schedule

6am
7am
8am
9am
10am
11am
12pm
1pm
2pm
3pm
4pm
5pm
6pm
7pm
8pm
9pm

Notes

Date:

Goal for the Day:

Priorities

- [ ]
- [ ]
- [ ]
- [ ]

Tasks

- [ ]
- [ ]
- [ ]
- [ ]
- [ ]
- [ ]
- [ ]
- [ ]
- [ ]

Gratitude:

Schedule

6am
7am
8am
9am
10am
11am
12pm
1pm
2pm
3pm
4pm
5pm
6pm
7pm
8pm
9pm

Notes

Date:

Goal for the Day:

Priorities
- [ ]
- [ ]
- [ ]
- [ ]

Tasks
- [ ]
- [ ]
- [ ]
- [ ]
- [ ]
- [ ]
- [ ]
- [ ]
- [ ]

Gratitude:

Schedule
6am
7am
8am
9am
10am
11am
12pm
1pm
2pm
3pm
4pm
5pm
6pm
7pm
8pm
9pm

Notes

Date:

Goal for the Day:

Priorities

- [ ]
- [ ]
- [ ]
- [ ]

Tasks

- [ ]
- [ ]
- [ ]
- [ ]
- [ ]
- [ ]
- [ ]
- [ ]
- [ ]

Gratitude:

Schedule

6am
7am
8am
9am
10am
11am
12pm
1pm
2pm
3pm
4pm
5pm
6pm
7pm
8pm
9pm

Notes

Date:

Goal for the Day:

Priorities

- ☐ --
- ☐ --
- ☐ --
- ☐ --

Tasks

- ☐ --
- ☐ --
- ☐ --
- ☐ --
- ☐ --
- ☐ --
- ☐ --
- ☐ --
- ☐ --

Gratitude:

Schedule

6am
7am
8am
9am
10am
11am
12pm
1pm
2pm
3pm
4pm
5pm
6pm
7pm
8pm
9pm

Notes

Date:

Goal for the Day:

Priorities

- [ ]
- [ ]
- [ ]
- [ ]

Tasks

- [ ]
- [ ]
- [ ]
- [ ]
- [ ]
- [ ]
- [ ]
- [ ]
- [ ]

Gratitude:

Schedule

6am
7am
8am
9am
10am
11am
12pm
1pm
2pm
3pm
4pm
5pm
6pm
7pm
8pm
9pm

Notes

Date:

Goal for the Day:

Priorities
- [ ]
- [ ]
- [ ]
- [ ]

Tasks
- [ ]
- [ ]
- [ ]
- [ ]
- [ ]
- [ ]
- [ ]
- [ ]
- [ ]

Gratitude:

Schedule
6am
7am
8am
9am
10am
11am
12pm
1pm
2pm
3pm
4pm
5pm
6pm
7pm
8pm
9pm

Notes

Date:

Goal for the Day:

Priorities
- [ ]
- [ ]
- [ ]
- [ ]

Tasks
- [ ]
- [ ]
- [ ]
- [ ]
- [ ]
- [ ]
- [ ]
- [ ]
- [ ]

Gratitude:

Schedule
6am
7am
8am
9am
10am
11am
12pm
1pm
2pm
3pm
4pm
5pm
6pm
7pm
8pm
9pm

Notes

Date:

Goal for the Day:

Priorities

- [ ]
- [ ]
- [ ]
- [ ]

Tasks

- [ ]
- [ ]
- [ ]
- [ ]
- [ ]
- [ ]
- [ ]
- [ ]
- [ ]

Gratitude:

Schedule

6am
7am
8am
9am
10am
11am
12pm
1pm
2pm
3pm
4pm
5pm
6pm
7pm
8pm
9pm

Notes

Date:

Goal for the Day:

Priorities
- [ ]
- [ ]
- [ ]
- [ ]

Tasks
- [ ]
- [ ]
- [ ]
- [ ]
- [ ]
- [ ]
- [ ]
- [ ]
- [ ]

Gratitude:

Schedule
6am
7am
8am
9am
10am
11am
12pm
1pm
2pm
3pm
4pm
5pm
6pm
7pm
8pm
9pm

Notes

Date:

Goal for the Day:

Priorities

- [ ]
- [ ]
- [ ]
- [ ]

Tasks

- [ ]
- [ ]
- [ ]
- [ ]
- [ ]
- [ ]
- [ ]
- [ ]
- [ ]

Gratitude:

Schedule

6am
7am
8am
9am
10am
11am
12pm
1pm
2pm
3pm
4pm
5pm
6pm
7pm
8pm
9pm

Notes

Date:

Goal for the Day:

Priorities

- [ ]
- [ ]
- [ ]
- [ ]

Tasks

- [ ]
- [ ]
- [ ]
- [ ]
- [ ]
- [ ]
- [ ]
- [ ]
- [ ]

Gratitude:

Schedule

6am
7am
8am
9am
10am
11am
12pm
1pm
2pm
3pm
4pm
5pm
6pm
7pm
8pm
9pm

Notes

Date:

Goal for the Day:

Priorities
- ☐
- ☐
- ☐
- ☐

Tasks
- ☐
- ☐
- ☐
- ☐
- ☐
- ☐
- ☐
- ☐
- ☐

Gratitude:

Schedule

6am
7am
8am
9am
10am
11am
12pm
1pm
2pm
3pm
4pm
5pm
6pm
7pm
8pm
9pm

Notes

Date:

Goal for the Day:

Priorities

- [ ]
- [ ]
- [ ]
- [ ]

Tasks

- [ ]
- [ ]
- [ ]
- [ ]
- [ ]
- [ ]
- [ ]
- [ ]
- [ ]

Gratitude:

Schedule

6am
7am
8am
9am
10am
11am
12pm
1pm
2pm
3pm
4pm
5pm
6pm
7pm
8pm
9pm

Notes

Date:

Goal for the Day:

Priorities
- [ ]
- [ ]
- [ ]
- [ ]

Tasks
- [ ]
- [ ]
- [ ]
- [ ]
- [ ]
- [ ]
- [ ]
- [ ]
- [ ]

Gratitude:

Schedule
6am
7am
8am
9am
10am
11am
12pm
1pm
2pm
3pm
4pm
5pm
6pm
7pm
8pm
9pm

Notes

Date:

Goal for the Day:

Priorities
- [ ]
- [ ]
- [ ]
- [ ]

Tasks
- [ ]
- [ ]
- [ ]
- [ ]
- [ ]
- [ ]
- [ ]
- [ ]
- [ ]

Gratitude:

Schedule
6am
7am
8am
9am
10am
11am
12pm
1pm
2pm
3pm
4pm
5pm
6pm
7pm
8pm
9pm

Notes

Date:

Goal for the Day:

Priorities
- ☐ ....
- ☐ ....
- ☐ ....
- ☐ ....

Tasks
- ☐ ....
- ☐ ....
- ☐ ....
- ☐ ....
- ☐ ....
- ☐ ....
- ☐ ....
- ☐ ....
- ☐ ....

Gratitude:

Schedule

6am
7am
8am
9am
10am
11am
12pm
1pm
2pm
3pm
4pm
5pm
6pm
7pm
8pm
9pm

Notes

Date:

Goal for the Day:

Priorities

☐ ....
☐ ....
☐ ....
☐ ....

Tasks

☐ ....
☐ ....
☐ ....
☐ ....
☐ ....
☐ ....
☐ ....
☐ ....
☐ ....

Gratitude:

Schedule

6am
7am
8am
9am
10am
11am
12pm
1pm
2pm
3pm
4pm
5pm
6pm
7pm
8pm
9pm

Notes

Date:

Goal for the Day:

Priorities
- [ ]
- [ ]
- [ ]
- [ ]

Tasks
- [ ]
- [ ]
- [ ]
- [ ]
- [ ]
- [ ]
- [ ]
- [ ]
- [ ]

Gratitude:

Schedule
6am
7am
8am
9am
10am
11am
12pm
1pm
2pm
3pm
4pm
5pm
6pm
7pm
8pm
9pm

Notes

Date:

Goal for the Day:

Priorities

- [ ]
- [ ]
- [ ]
- [ ]

Tasks

- [ ]
- [ ]
- [ ]
- [ ]
- [ ]
- [ ]
- [ ]
- [ ]
- [ ]

Gratitude:

Schedule

6am
7am
8am
9am
10am
11am
12pm
1pm
2pm
3pm
4pm
5pm
6pm
7pm
8pm
9pm

Notes

Date:	Schedule

Goal for the Day:

6am

7am

8am

9am

10am

11am

12pm

1pm

2pm

3pm

4pm

5pm

6pm

7pm

8pm

9pm

Priorities

- [ ]
- [ ]
- [ ]
- [ ]

Tasks

- [ ]
- [ ]
- [ ]
- [ ]
- [ ]
- [ ]
- [ ]
- [ ]
- [ ]

Gratitude:

Notes

Date:

Goal for the Day:

Priorities

- ☐ ....
- ☐ ....
- ☐ ....
- ☐ ....

Tasks

- ☐ ....
- ☐ ....
- ☐ ....
- ☐ ....
- ☐ ....
- ☐ ....
- ☐ ....
- ☐ ....
- ☐ ....

Gratitude:

Schedule

6am
7am
8am
9am
10am
11am
12pm
1pm
2pm
3pm
4pm
5pm
6pm
7pm
8pm
9pm

Notes

Date:

Goal for the Day:

Priorities
- [ ]
- [ ]
- [ ]
- [ ]

Tasks
- [ ]
- [ ]
- [ ]
- [ ]
- [ ]
- [ ]
- [ ]
- [ ]
- [ ]

Gratitude:

Schedule
6am
7am
8am
9am
10am
11am
12pm
1pm
2pm
3pm
4pm
5pm
6pm
7pm
8pm
9pm

Notes

Date:

Goal for the Day:

Priorities
- [ ]
- [ ]
- [ ]
- [ ]

Tasks
- [ ]
- [ ]
- [ ]
- [ ]
- [ ]
- [ ]
- [ ]
- [ ]
- [ ]

Gratitude:

Schedule
6am
7am
8am
9am
10am
11am
12pm
1pm
2pm
3pm
4pm
5pm
6pm
7pm
8pm
9pm

Notes

Date:	Schedule

Goal for the Day:

6am
7am
8am
9am
10am
11am
12pm
1pm
2pm
3pm
4pm
5pm
6pm
7pm
8pm
9pm

Priorities

- [ ]
- [ ]
- [ ]
- [ ]

Tasks

- [ ]
- [ ]
- [ ]
- [ ]
- [ ]
- [ ]
- [ ]
- [ ]
- [ ]

Gratitude:

Notes

Date:

Goal for the Day:

Priorities

- ☐ ....
- ☐ ....
- ☐ ....
- ☐ ....

Tasks

- ☐ ....
- ☐ ....
- ☐ ....
- ☐ ....
- ☐ ....
- ☐ ....
- ☐ ....
- ☐ ....
- ☐ ....

Gratitude:

Schedule

6am
7am
8am
9am
10am
11am
12pm
1pm
2pm
3pm
4pm
5pm
6pm
7pm
8pm
9pm

Notes

Date:	Schedule

Goal for the Day:

6am

7am

8am

9am

10am

11am

12pm

1pm

2pm

Priorities

☐ ------------------------
☐ ------------------------
☐ ------------------------
☐ ------------------------

3pm

4pm

5pm

6pm

7pm

8pm

9pm

Tasks

☐ ------------------------
☐ ------------------------
☐ ------------------------
☐ ------------------------
☐ ------------------------
☐ ------------------------
☐ ------------------------
☐ ------------------------
☐ ------------------------

Gratitude:

Notes

Date:

Goal for the Day:

Priorities

- [ ]
- [ ]
- [ ]
- [ ]

Tasks

- [ ]
- [ ]
- [ ]
- [ ]
- [ ]
- [ ]
- [ ]
- [ ]
- [ ]

Gratitude:

Schedule

6am
7am
8am
9am
10am
11am
12pm
1pm
2pm
3pm
4pm
5pm
6pm
7pm
8pm
9pm

Notes

Date:

Goal for the Day:

Priorities

- ☐ ....
- ☐ ....
- ☐ ....
- ☐ ....

Tasks

- ☐ ....
- ☐ ....
- ☐ ....
- ☐ ....
- ☐ ....
- ☐ ....
- ☐ ....
- ☐ ....
- ☐ ....

Gratitude:

Schedule

6am
7am
8am
9am
10am
11am
12pm
1pm
2pm
3pm
4pm
5pm
6pm
7pm
8pm
9pm

Notes

Date:

Goal for the Day:

Priorities

- [ ]
- [ ]
- [ ]
- [ ]

Tasks

- [ ]
- [ ]
- [ ]
- [ ]
- [ ]
- [ ]
- [ ]
- [ ]
- [ ]

Gratitude:

Schedule

6am
7am
8am
9am
10am
11am
12pm
1pm
2pm
3pm
4pm
5pm
6pm
7pm
8pm
9pm

Notes

Date:

Goal for the Day:

Priorities
- [ ]
- [ ]
- [ ]
- [ ]

Tasks
- [ ]
- [ ]
- [ ]
- [ ]
- [ ]
- [ ]
- [ ]
- [ ]
- [ ]

Gratitude:

Schedule
- 6am
- 7am
- 8am
- 9am
- 10am
- 11am
- 12pm
- 1pm
- 2pm
- 3pm
- 4pm
- 5pm
- 6pm
- 7pm
- 8pm
- 9pm

Notes

Date:

Goal for the Day:

Priorities

- ☐ ....
- ☐ ....
- ☐ ....
- ☐ ....

Tasks

- ☐ ....
- ☐ ....
- ☐ ....
- ☐ ....
- ☐ ....
- ☐ ....
- ☐ ....
- ☐ ....
- ☐ ....

Gratitude:

Schedule

6am
7am
8am
9am
10am
11am
12pm
1pm
2pm
3pm
4pm
5pm
6pm
7pm
8pm
9pm

Notes

Date:

Goal for the Day:

Priorities

- ☐ ....
- ☐ ....
- ☐ ....
- ☐ ....

Tasks

- ☐ ....
- ☐ ....
- ☐ ....
- ☐ ....
- ☐ ....
- ☐ ....
- ☐ ....
- ☐ ....
- ☐ ....

Gratitude:

Schedule

6am
7am
8am
9am
10am
11am
12pm
1pm
2pm
3pm
4pm
5pm
6pm
7pm
8pm
9pm

Notes

Date:

Goal for the Day:

Priorities

- ☐ ....
- ☐ ....
- ☐ ....
- ☐ ....

Tasks

- ☐ ....
- ☐ ....
- ☐ ....
- ☐ ....
- ☐ ....
- ☐ ....
- ☐ ....
- ☐ ....
- ☐ ....

Gratitude:

Schedule

6am
7am
8am
9am
10am
11am
12pm
1pm
2pm
3pm
4pm
5pm
6pm
7pm
8pm
9pm

Notes

Date:

Goal for the Day:

Priorities
- [ ]
- [ ]
- [ ]
- [ ]

Tasks
- [ ]
- [ ]
- [ ]
- [ ]
- [ ]
- [ ]
- [ ]
- [ ]
- [ ]

Gratitude:

Schedule
6am
7am
8am
9am
10am
11am
12pm
1pm
2pm
3pm
4pm
5pm
6pm
7pm
8pm
9pm

Notes

Date:

Goal for the Day:

Priorities

- ☐ ....
- ☐ ....
- ☐ ....
- ☐ ....

Tasks

- ☐ ....
- ☐ ....
- ☐ ....
- ☐ ....
- ☐ ....
- ☐ ....
- ☐ ....
- ☐ ....
- ☐ ....

Gratitude:

Schedule

6am
7am
8am
9am
10am
11am
12pm
1pm
2pm
3pm
4pm
5pm
6pm
7pm
8pm
9pm

Notes

Date:

Goal for the Day:

Priorities

- [ ]
- [ ]
- [ ]
- [ ]

Tasks

- [ ]
- [ ]
- [ ]
- [ ]
- [ ]
- [ ]
- [ ]
- [ ]
- [ ]

Gratitude:

Schedule

6am
7am
8am
9am
10am
11am
12pm
1pm
2pm
3pm
4pm
5pm
6pm
7pm
8pm
9pm

Notes

Date:

Goal for the Day:

Priorities

- [ ]
- [ ]
- [ ]
- [ ]

Tasks

- [ ]
- [ ]
- [ ]
- [ ]
- [ ]
- [ ]
- [ ]
- [ ]
- [ ]

Gratitude:

Schedule

6am
7am
8am
9am
10am
11am
12pm
1pm
2pm
3pm
4pm
5pm
6pm
7pm
8pm
9pm

Notes

Date:	Schedule

Goal for the Day:

6am
7am
8am
9am
10am
11am
12pm
1pm
2pm

Priorities

- [ ]
- [ ]
- [ ]
- [ ]

3pm
4pm
5pm
6pm
7pm
8pm
9pm

Tasks

- [ ]
- [ ]
- [ ]
- [ ]
- [ ]
- [ ]
- [ ]
- [ ]
- [ ]

Gratitude:

Notes

Date:

Goal for the Day:

Priorities

- [ ]
- [ ]
- [ ]
- [ ]

Tasks

- [ ]
- [ ]
- [ ]
- [ ]
- [ ]
- [ ]
- [ ]
- [ ]
- [ ]

Gratitude:

Schedule

6am
7am
8am
9am
10am
11am
12pm
1pm
2pm
3pm
4pm
5pm
6pm
7pm
8pm
9pm

Notes

Date:

Goal for the Day:

Priorities

- ☐ ------------------------------
- ☐ ------------------------------
- ☐ ------------------------------
- ☐ ------------------------------

Tasks

- ☐ ------------------------------
- ☐ ------------------------------
- ☐ ------------------------------
- ☐ ------------------------------
- ☐ ------------------------------
- ☐ ------------------------------
- ☐ ------------------------------
- ☐ ------------------------------
- ☐ ------------------------------

Gratitude:

Schedule

6am
7am
8am
9am
10am
11am
12pm
1pm
2pm
3pm
4pm
5pm
6pm
7pm
8pm
9pm

Notes

Date:

Goal for the Day:

Priorities

- ☐ ....
- ☐ ....
- ☐ ....
- ☐ ....

Tasks

- ☐ ....
- ☐ ....
- ☐ ....
- ☐ ....
- ☐ ....
- ☐ ....
- ☐ ....
- ☐ ....
- ☐ ....

Gratitude:

Schedule

6am
7am
8am
9am
10am
11am
12pm
1pm
2pm
3pm
4pm
5pm
6pm
7pm
8pm
9pm

Notes

Date:

Goal for the Day:

Priorities

☐ ⋯
☐ ⋯
☐ ⋯
☐ ⋯

Tasks

☐ ⋯
☐ ⋯
☐ ⋯
☐ ⋯
☐ ⋯
☐ ⋯
☐ ⋯
☐ ⋯
☐ ⋯

Gratitude:

Schedule

6am
7am
8am
9am
10am
11am
12pm
1pm
2pm
3pm
4pm
5pm
6pm
7pm
8pm
9pm

Notes

Date:

Goal for the Day:

Priorities
- [ ]
- [ ]
- [ ]
- [ ]

Tasks
- [ ]
- [ ]
- [ ]
- [ ]
- [ ]
- [ ]
- [ ]
- [ ]
- [ ]

Gratitude:

Schedule
6am
7am
8am
9am
10am
11am
12pm
1pm
2pm
3pm
4pm
5pm
6pm
7pm
8pm
9pm

Notes

Date:

Goal for the Day:

Priorities

- [ ]
- [ ]
- [ ]
- [ ]

Tasks

- [ ]
- [ ]
- [ ]
- [ ]
- [ ]
- [ ]
- [ ]
- [ ]
- [ ]

Gratitude:

Schedule

6am
7am
8am
9am
10am
11am
12pm
1pm
2pm
3pm
4pm
5pm
6pm
7pm
8pm
9pm

Notes

Date:

Goal for the Day:

Priorities

- [ ]
- [ ]
- [ ]
- [ ]

Tasks

- [ ]
- [ ]
- [ ]
- [ ]
- [ ]
- [ ]
- [ ]
- [ ]
- [ ]

Gratitude:

Schedule

6am
7am
8am
9am
10am
11am
12pm
1pm
2pm
3pm
4pm
5pm
6pm
7pm
8pm
9pm

Notes

Date:

Goal for the Day:

Priorities

- ☐ ....
- ☐ ....
- ☐ ....
- ☐ ....

Tasks

- ☐ ....
- ☐ ....
- ☐ ....
- ☐ ....
- ☐ ....
- ☐ ....
- ☐ ....
- ☐ ....
- ☐ ....

Gratitude:

Schedule

6am
7am
8am
9am
10am
11am
12pm
1pm
2pm
3pm
4pm
5pm
6pm
7pm
8pm
9pm

Notes

Date:

Goal for the Day:

Priorities

- [ ]
- [ ]
- [ ]
- [ ]

Tasks

- [ ]
- [ ]
- [ ]
- [ ]
- [ ]
- [ ]
- [ ]
- [ ]
- [ ]

Gratitude:

Schedule

6am
7am
8am
9am
10am
11am
12pm
1pm
2pm
3pm
4pm
5pm
6pm
7pm
8pm
9pm

Notes

Date:

Goal for the Day:

Priorities

- [ ]
- [ ]
- [ ]
- [ ]

Tasks

- [ ]
- [ ]
- [ ]
- [ ]
- [ ]
- [ ]
- [ ]
- [ ]
- [ ]

Gratitude:

Schedule

6am
7am
8am
9am
10am
11am
12pm
1pm
2pm
3pm
4pm
5pm
6pm
7pm
8pm
9pm

Notes

Date:

Goal for the Day:

Priorities

☐ ....
☐ ....
☐ ....
☐ ....

Tasks

☐ ....
☐ ....
☐ ....
☐ ....
☐ ....
☐ ....
☐ ....
☐ ....
☐ ....

Gratitude:

Schedule

6am
7am
8am
9am
10am
11am
12pm
1pm
2pm
3pm
4pm
5pm
6pm
7pm
8pm
9pm

Notes

Date:

Goal for the Day:

Priorities

- ☐
- ☐
- ☐
- ☐

Tasks

- ☐
- ☐
- ☐
- ☐
- ☐
- ☐
- ☐
- ☐
- ☐

Gratitude:

Schedule

6am
7am
8am
9am
10am
11am
12pm
1pm
2pm
3pm
4pm
5pm
6pm
7pm
8pm
9pm

Notes

Date:

Goal for the Day:

Priorities
- [ ]
- [ ]
- [ ]
- [ ]

Tasks
- [ ]
- [ ]
- [ ]
- [ ]
- [ ]
- [ ]
- [ ]
- [ ]
- [ ]

Gratitude:

Schedule
6am
7am
8am
9am
10am
11am
12pm
1pm
2pm
3pm
4pm
5pm
6pm
7pm
8pm
9pm

Notes

Date:

Goal for the Day:

Priorities

- [ ]
- [ ]
- [ ]
- [ ]

Tasks

- [ ]
- [ ]
- [ ]
- [ ]
- [ ]
- [ ]
- [ ]
- [ ]
- [ ]

Gratitude:

Schedule

6am
7am
8am
9am
10am
11am
12pm
1pm
2pm
3pm
4pm
5pm
6pm
7pm
8pm
9pm

Notes

Date:

Goal for the Day:

Priorities

- [ ]
- [ ]
- [ ]
- [ ]

Tasks

- [ ]
- [ ]
- [ ]
- [ ]
- [ ]
- [ ]
- [ ]
- [ ]
- [ ]

Gratitude:

Schedule

6am
7am
8am
9am
10am
11am
12pm
1pm
2pm
3pm
4pm
5pm
6pm
7pm
8pm
9pm

Notes

Date:

Goal for the Day:

Priorities

- ☐
- ☐
- ☐
- ☐

Tasks

- ☐
- ☐
- ☐
- ☐
- ☐
- ☐
- ☐
- ☐
- ☐

Gratitude:

Schedule

6am
7am
8am
9am
10am
11am
12pm
1pm
2pm
3pm
4pm
5pm
6pm
7pm
8pm
9pm

Notes

Date:

Goal for the Day:

Priorities

- [ ]
- [ ]
- [ ]
- [ ]

Tasks

- [ ]
- [ ]
- [ ]
- [ ]
- [ ]
- [ ]
- [ ]
- [ ]
- [ ]

Gratitude:

Schedule

6am
7am
8am
9am
10am
11am
12pm
1pm
2pm
3pm
4pm
5pm
6pm
7pm
8pm
9pm

Notes

Date:

Goal for the Day:

Priorities
- [ ]
- [ ]
- [ ]
- [ ]

Tasks
- [ ]
- [ ]
- [ ]
- [ ]
- [ ]
- [ ]
- [ ]
- [ ]
- [ ]

Gratitude:

Schedule
- 6am
- 7am
- 8am
- 9am
- 10am
- 11am
- 12pm
- 1pm
- 2pm
- 3pm
- 4pm
- 5pm
- 6pm
- 7pm
- 8pm
- 9pm

Notes

Date:

Goal for the Day:

Priorities

☐ ----
☐ ----
☐ ----
☐ ----

Tasks

☐ ----
☐ ----
☐ ----
☐ ----
☐ ----
☐ ----
☐ ----
☐ ----
☐ ----

Gratitude:

Schedule

6am
7am
8am
9am
10am
11am
12pm
1pm
2pm
3pm
4pm
5pm
6pm
7pm
8pm
9pm

Notes

Date:

Goal for the Day:

Priorities
- [ ]
- [ ]
- [ ]
- [ ]

Tasks
- [ ]
- [ ]
- [ ]
- [ ]
- [ ]
- [ ]
- [ ]
- [ ]
- [ ]

Gratitude:

Schedule
6am
7am
8am
9am
10am
11am
12pm
1pm
2pm
3pm
4pm
5pm
6pm
7pm
8pm
9pm

Notes

Date:

Goal for the Day:

Priorities

- [ ] ....
- [ ] ....
- [ ] ....
- [ ] ....

Tasks

- [ ] ....
- [ ] ....
- [ ] ....
- [ ] ....
- [ ] ....
- [ ] ....
- [ ] ....
- [ ] ....
- [ ] ....

Gratitude:

Schedule

6am
7am
8am
9am
10am
11am
12pm
1pm
2pm
3pm
4pm
5pm
6pm
7pm
8pm
9pm

Notes

Date:	Schedule

Goal for the Day:

6am

7am

8am

9am

10am

11am

Priorities

☐
☐
☐
☐

12pm

1pm

2pm

3pm

Tasks

☐
☐
☐
☐
☐
☐
☐
☐
☐

4pm

5pm

6pm

7pm

8pm

9pm

Gratitude:

Notes

Date:

Goal for the Day:

Priorities

- [ ]
- [ ]
- [ ]
- [ ]

Tasks

- [ ]
- [ ]
- [ ]
- [ ]
- [ ]
- [ ]
- [ ]
- [ ]
- [ ]

Gratitude:

Schedule

6am
7am
8am
9am
10am
11am
12pm
1pm
2pm
3pm
4pm
5pm
6pm
7pm
8pm
9pm

Notes

Date:

Goal for the Day:

Priorities

- [ ]
- [ ]
- [ ]
- [ ]

Tasks

- [ ]
- [ ]
- [ ]
- [ ]
- [ ]
- [ ]
- [ ]
- [ ]
- [ ]

Gratitude:

Schedule

6am
7am
8am
9am
10am
11am
12pm
1pm
2pm
3pm
4pm
5pm
6pm
7pm
8pm
9pm

Notes

Date:

Goal for the Day:

Priorities

- [ ]
- [ ]
- [ ]
- [ ]

Tasks

- [ ]
- [ ]
- [ ]
- [ ]
- [ ]
- [ ]
- [ ]
- [ ]
- [ ]

Gratitude:

Schedule

6am
7am
8am
9am
10am
11am
12pm
1pm
2pm
3pm
4pm
5pm
6pm
7pm
8pm
9pm

Notes

Date:

Goal for the Day:

Priorities
- [ ]
- [ ]
- [ ]
- [ ]

Tasks
- [ ]
- [ ]
- [ ]
- [ ]
- [ ]
- [ ]
- [ ]
- [ ]
- [ ]

Gratitude:

Schedule
6am
7am
8am
9am
10am
11am
12pm
1pm
2pm
3pm
4pm
5pm
6pm
7pm
8pm
9pm

Notes

Date:

Goal for the Day:

Priorities

- [ ]
- [ ]
- [ ]
- [ ]

Tasks

- [ ]
- [ ]
- [ ]
- [ ]
- [ ]
- [ ]
- [ ]
- [ ]
- [ ]

Gratitude:

Schedule

6am
7am
8am
9am
10am
11am
12pm
1pm
2pm
3pm
4pm
5pm
6pm
7pm
8pm
9pm

Notes

Date:

Goal for the Day:

Priorities

- ☐ ....
- ☐ ....
- ☐ ....
- ☐ ....

Tasks

- ☐ ....
- ☐ ....
- ☐ ....
- ☐ ....
- ☐ ....
- ☐ ....
- ☐ ....
- ☐ ....
- ☐ ....

Gratitude:

Schedule

6am
7am
8am
9am
10am
11am
12pm
1pm
2pm
3pm
4pm
5pm
6pm
7pm
8pm
9pm

Notes

Date:

Goal for the Day:

Priorities

- [ ]
- [ ]
- [ ]
- [ ]

Tasks

- [ ]
- [ ]
- [ ]
- [ ]
- [ ]
- [ ]
- [ ]
- [ ]
- [ ]

Gratitude:

Schedule

6am
7am
8am
9am
10am
11am
12pm
1pm
2pm
3pm
4pm
5pm
6pm
7pm
8pm
9pm

Notes

Date:

Goal for the Day:

Priorities
- [ ]
- [ ]
- [ ]
- [ ]

Tasks
- [ ]
- [ ]
- [ ]
- [ ]
- [ ]
- [ ]
- [ ]
- [ ]
- [ ]

Gratitude:

Schedule
6am
7am
8am
9am
10am
11am
12pm
1pm
2pm
3pm
4pm
5pm
6pm
7pm
8pm
9pm

Notes

Date:

Goal for the Day:

Priorities
- [ ]
- [ ]
- [ ]
- [ ]

Tasks
- [ ]
- [ ]
- [ ]
- [ ]
- [ ]
- [ ]
- [ ]
- [ ]
- [ ]

Gratitude:

Schedule
6am
7am
8am
9am
10am
11am
12pm
1pm
2pm
3pm
4pm
5pm
6pm
7pm
8pm
9pm

Notes

Date:

Goal for the Day:

Priorities
- ☐ ....
- ☐ ....
- ☐ ....
- ☐ ....

Tasks
- ☐ ....
- ☐ ....
- ☐ ....
- ☐ ....
- ☐ ....
- ☐ ....
- ☐ ....
- ☐ ....
- ☐ ....

Gratitude:

Schedule
6am
7am
8am
9am
10am
11am
12pm
1pm
2pm
3pm
4pm
5pm
6pm
7pm
8pm
9pm

Notes

Date:

Goal for the Day:

Priorities

- [ ]
- [ ]
- [ ]
- [ ]

Tasks

- [ ]
- [ ]
- [ ]
- [ ]
- [ ]
- [ ]
- [ ]
- [ ]
- [ ]

Gratitude:

Schedule

6am
7am
8am
9am
10am
11am
12pm
1pm
2pm
3pm
4pm
5pm
6pm
7pm
8pm
9pm

Notes

Date:

Goal for the Day:

Priorities

- ☐ ....
- ☐ ....
- ☐ ....
- ☐ ....

Tasks

- ☐ ....
- ☐ ....
- ☐ ....
- ☐ ....
- ☐ ....
- ☐ ....
- ☐ ....
- ☐ ....
- ☐ ....

Gratitude:

Schedule

6am
7am
8am
9am
10am
11am
12pm
1pm
2pm
3pm
4pm
5pm
6pm
7pm
8pm
9pm

Notes

Date:

Goal for the Day:

Priorities

- [ ]
- [ ]
- [ ]
- [ ]

Tasks

- [ ]
- [ ]
- [ ]
- [ ]
- [ ]
- [ ]
- [ ]
- [ ]
- [ ]

Gratitude:

Schedule

6am
7am
8am
9am
10am
11am
12pm
1pm
2pm
3pm
4pm
5pm
6pm
7pm
8pm
9pm

Notes

Date:

Goal for the Day:

Priorities

- ☐ ....
- ☐ ....
- ☐ ....
- ☐ ....

Tasks

- ☐ ....
- ☐ ....
- ☐ ....
- ☐ ....
- ☐ ....
- ☐ ....
- ☐ ....
- ☐ ....
- ☐ ....

Gratitude:

Schedule

6am
7am
8am
9am
10am
11am
12pm
1pm
2pm
3pm
4pm
5pm
6pm
7pm
8pm
9pm

Notes

Date:

Goal for the Day:

Priorities

- [ ]
- [ ]
- [ ]
- [ ]

Tasks

- [ ]
- [ ]
- [ ]
- [ ]
- [ ]
- [ ]
- [ ]
- [ ]
- [ ]

Gratitude:

Schedule

6am
7am
8am
9am
10am
11am
12pm
1pm
2pm
3pm
4pm
5pm
6pm
7pm
8pm
9pm

Notes

Date:

Goal for the Day:

Priorities
- [ ]
- [ ]
- [ ]
- [ ]

Tasks
- [ ]
- [ ]
- [ ]
- [ ]
- [ ]
- [ ]
- [ ]
- [ ]
- [ ]

Gratitude:

Schedule
6am
7am
8am
9am
10am
11am
12pm
1pm
2pm
3pm
4pm
5pm
6pm
7pm
8pm
9pm

Notes

Made in the USA
Columbia, SC
27 November 2021